by

moob designs

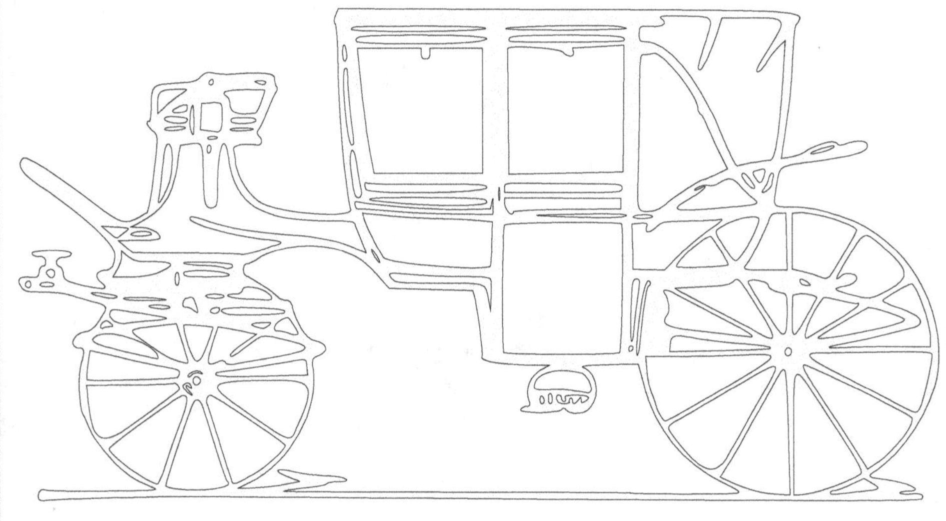

MOOB DESIGNS

MOOB DESIGNS

MOOB DESIGNS

MOOB DESIGNS

MOOB DESIGNS

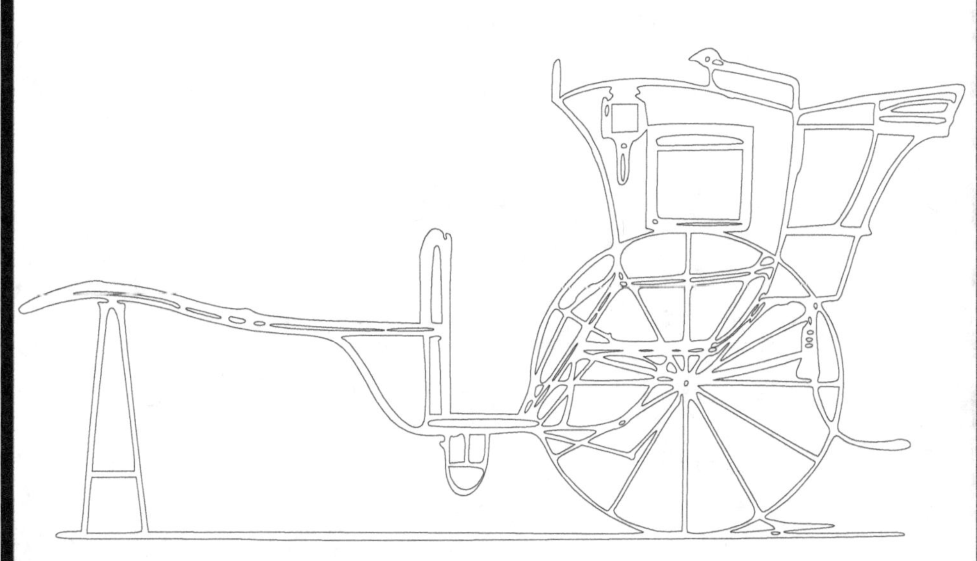

MOOB DESIGNS

MOOB DESIGNS

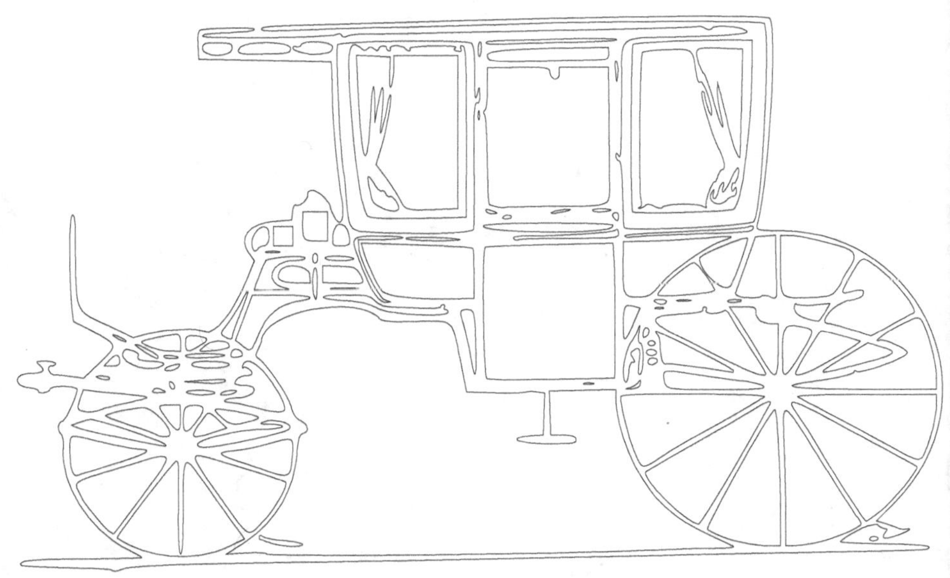

MOOB DESIGNS

MOOB DESIGNS

MOOB DESIGNS

MOOB DESIGNS

MOOB DESIGNS

MOOB DESIGNS

MOOB DESIGNS

MOOB DESIGNS

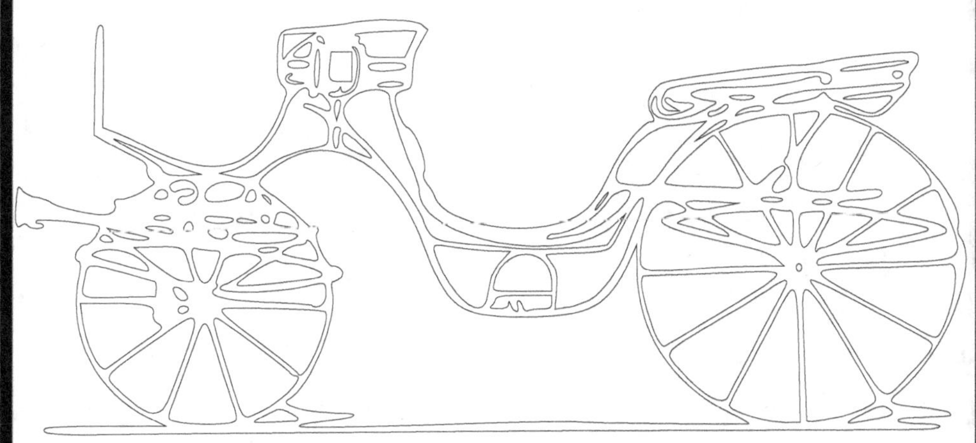

MOOB DESIGNS

MOOB DESIGNS

MOOB DESIGNS

MOOB DESIGNS

MOOB DESIGNS

MOOB DESIGNS

MOOB DESIGNS

MOOB DESIGNS

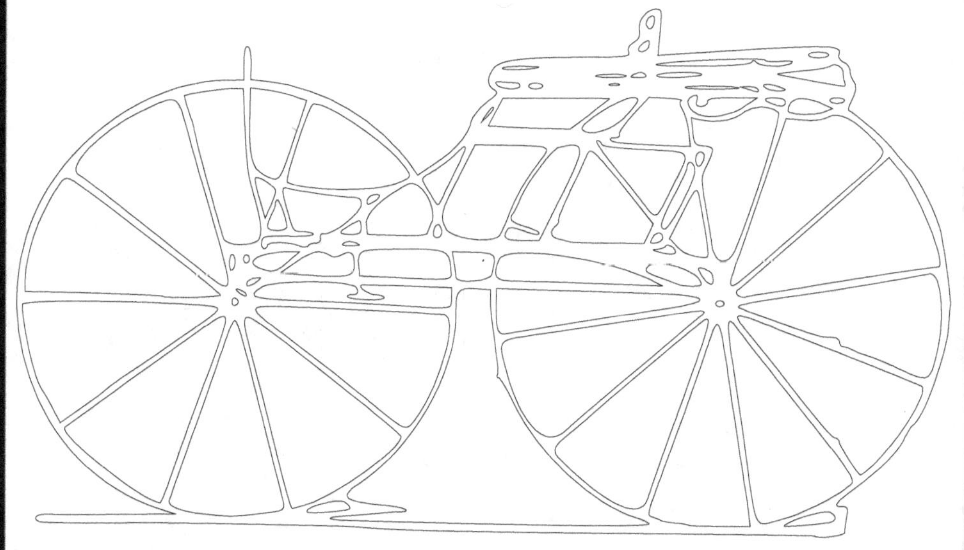

MOOB DESIGNS

MOOB DESIGNS

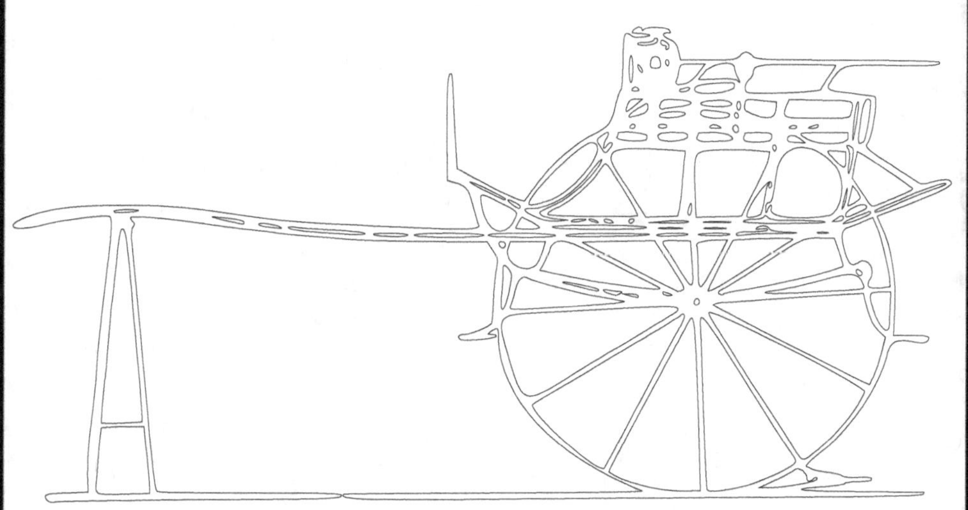

MOOB DESIGNS

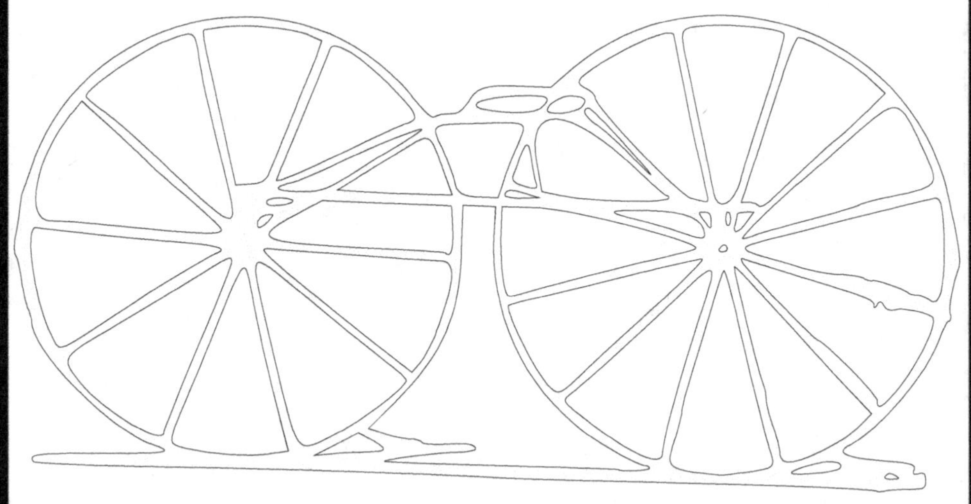

MOOB DESIGNS

MOOB DESIGNS

MOOB DESIGNS

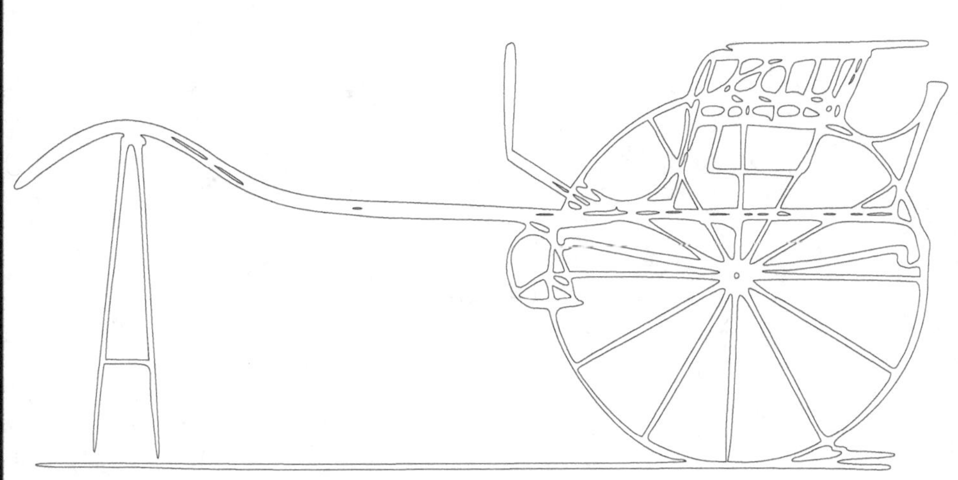

MOOB DESIGNS

MOOB DESIGNS

MOOB DESIGNS

MOOB DESIGNS

MOOB DESIGNS

MOOB DESIGNS

MOOB DESIGNS

MOOB DESIGNS

MOOB DESIGNS

MOOB DESIGNS

MOOB DESIGNS

MOOB DESIGNS

MOOB DESIGNS

MOOB DESIGNS

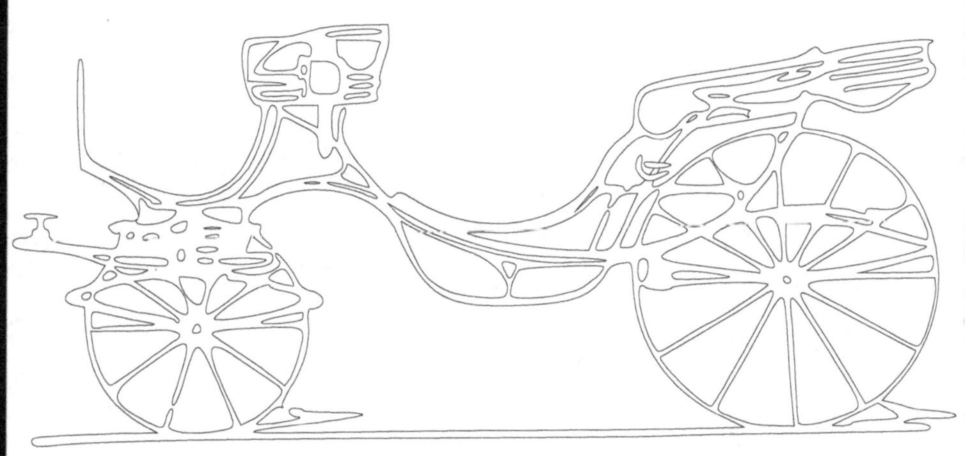

MOOB DESIGNS

MOOB DESIGNS

MOOB DESIGNS

MOOB DESIGNS

MOOB DESIGNS

MOOB DESIGNS

MOOB DESIGNS

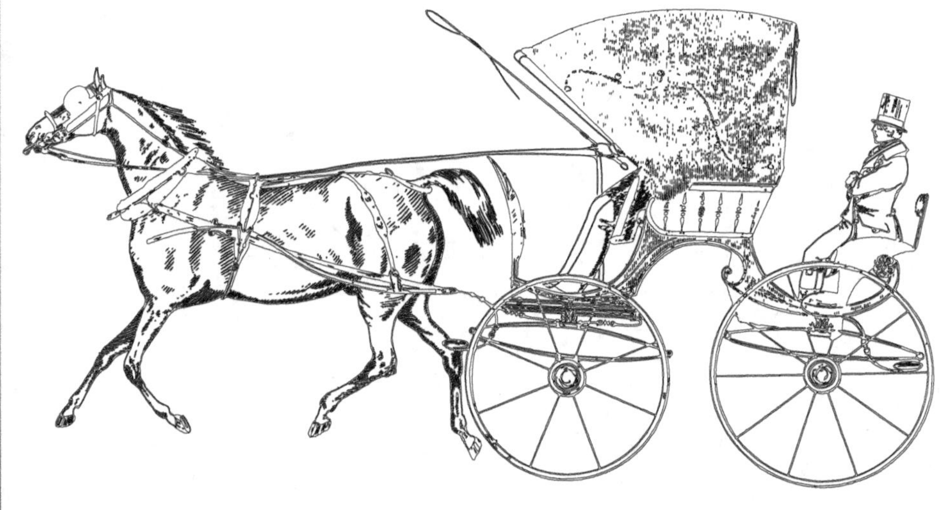

MOOB DESIGNS

MOOB DESIGNS

MOOB DESIGNS

MOOB DESIGNS

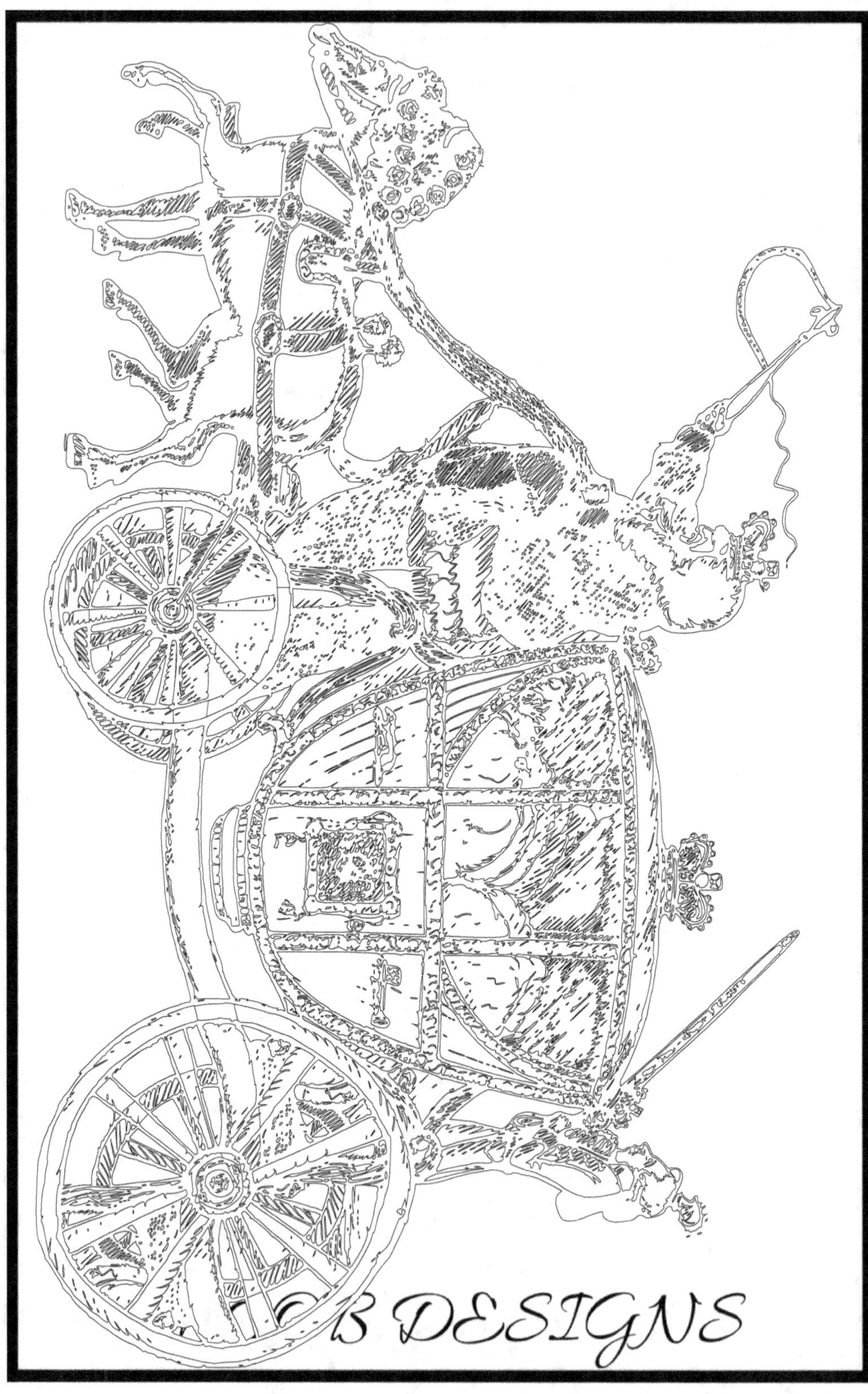
B DESIGNS

MOOB DESIGNS

MOOB DESIGNS

COLOR DESIGNS

notice